CONFÉRENCE HENRI PERREYVE

COMTE DE MONTALEMBERT

PARIS. — IMP. VICTOR GOUPY, RUE GARANCIÈRE, 5

CONFÉRENCE HENRI PERREYVE

LE COMTE
DE MONTALEMBERT

DISCOURS

Prononcé dans la séance du 3 avril 1870

PAR

FRANÇOIS DE BROGLIE

PARIS

IMPRIMERIE VICTOR GOUPY, RUE GARANCIÈRE, 5

1870

CONFÉRENCE HENRI PERREYVE

LE
COMTE DE MONTALEMBERT

DISCOURS

PRONONCÉ DANS LA SÉANCE DU 3 AVRIL 1870

PAR FRANÇOIS DE BROGLIE

MESSIEURS,

La mort peut enlever au monde ceux qui sont tout son ornement, elle peut enlever aux hommes ceux qui font qu'on est fier d'être hommes aussi, elle peut les arracher à notre affection, à nos applaudissements, à notre admiration, elle peut nous priver de leur soutien, de leurs conseils, de leurs lumières, mais il est une chose qu'elle ne peut nous ravir et qu'ils nous laissent en commun héritage, ce sont leurs exemples, leurs actes et leurs paroles ! Ces vertus singulières qui ont valu à leur nom tant de gloire et tant de respect peuvent nous valoir à notre tour, je ne dirai pas la même gloire, mais la même estime, la même affection de chacun. Ces grandes pensées qui ont dirigé leur vie peuvent diriger la nôtre aussi, ces nobles passions qui ont dicté leur conduite, ces généreux élans qui ont inspiré leurs paroles peuvent nous conduire et nous inspirer à notre tour. Et quand un de ces grands hommes vient à s'éteindre à nos côtés, nous qui débutons dans la vie, qui avons si grand besoin de bons conseils et de bons exemples, il est de notre devoir de repasser la vie de celui qui nous laisse de si beaux exemples à suivre et de si belles paroles à méditer.

Cherchons dans la vie de M. de Montalembert et des enseignements généraux et des leçons particulières, selon nos forces et selon nos besoins ! Cherchons dans cette vie de lutte et d'abnégation, consacrée dans tous ses instants au service de l'Église et de la liberté, pourquoi il a été plus grand que ceux qui l'entouraient, pourquoi avec l'admiration il a emporté dans la tombe l'estime et les regrets de tous, pourquoi son nom, enfin, sera l'honneur de l'Église catholique au XIXe siècle. Nous y apprendrons à être convaincus, à être sincères, surtout à être courageux ! Nous y apprendrons à faire du triomphe de l'Église et de celui de la liberté le fondement de nos convictions, comme le but de tous nos efforts et le centre de toutes nos espérances ; nous y apprendrons non-seulement à chercher, mais à proclamer, à étaler toujours et partout toute la vérité, a être francs et loyaux ; nous y apprendrons enfin à mépriser les calomnies, à recevoir les insultes et les railleries le front haut et l'esprit tranquille, magnifiques enseignements qui se passeront d'éloquence.

Certes, dans cette vie si agitée, nous trouverons des erreurs, des contradictions, des fautes même, mais ces fautes elles-mêmes nous instruiront : elles nous montreront ce que peuvent faire des plus généreux élans et des plus nobles instincts la passion et l'emportement ; nous verrons les plus belles qualités dénaturées par leur excès même : la conviction devenue parfois aveugle parti pris, la sincérité dégénérée en inutile témérité, le courage presque tourné en imprudente bravade : dois-je le dire, Messieurs, c'est le repentir, et un repentir dont la franchise faisait toute la magnificence, qui viendra chaque fois nous avertir de ces erreurs, nous en éloigner, nous en montrer tous les dangers. Ainsi, en s'instruisant lui-même, M. de Montalembert nous instruira aussi, et nous profiterons de ses vertus comme de ses défauts, de ses erreurs, comme des plus nobles exemples de sa vie.

Ardent, impétueux, entraîné par un irrésistible élan vers la vérité, M. de Montalembert n'était pas de ceux qu'arrêtent les obstacles ou dégoûtent les revers : on eût dit qu'il ne voyait pas les uns et ne ressentait pas les autres. Quand la justice avait parlé, quand la vérité s'était montrée, de quelque côté que ce fût, il n'était ni assez égoïste pour la garder en lui-même, ni assez maître de lui pour en modérer l'expression. Il fallait qu'elle se trahît en dehors : et comment? Vous le savez, Messieurs, elle éclatait tout entière, elle éblouissait et subjuguait, elle dominait les intelligences en émouvant les cœurs ; alors les éloquentes paroles se pressaient sur ses lèvres, les plus sanglantes railleries se mêlaient aux plus saisissantes images, et les plus magnifiques élans de passion se succédaient et s'enchaînaient pour étonner, convaincre et enthousiasmer ceux que la raison eût laissés froids et incrédules. C'étaient des jours de triomphe que ces jours de luttes acharnées et d'impitoyables combats. Rien ne l'embarrassait ni ne l'arrêtait, ni les plus subites interruptions, ni les plus vives réparties, ni les plus belles réponses : il était toujours prêt. Vous rappellerai-je, Messieurs, ce discours sur le Sunderbund que, vingt ans après, on ne peut lire sans un frisson d'enthousiasme, quand, après avoir parlé de l'Angleterre, avoir stigmatisé la honteuse conduite de persécuteur de la liberté, de l'ordre social, de la justice; après avoir prédit à lord Palmerston les échecs du présent et les malédictions de l'avenir, il s'écriait enfin :

« Nous avons, nous aussi, de tristes pages dans notre histoire : nous avons imposé aux peuples étrangers le joug du despotisme, d'un despotisme glorieux ; mais nous commencions par le subir et l'aimer lui-même. Nous avons porté au bout de nos baïonnettes l'anarchie et la dévastation dans beaucoup de pays de l'Europe. Mais nous avons commencé par être nous-mêmes enivrés par ce délire que nous propagions au dehors : ce que nous n'avons jamais fait, Messieurs, c'est de garder pour nous les bienfaits de l'ordre, de la liberté, de la justice, de hiérarchie sociale, et d'aller au dehors soudoyer, fomenter, patronner le désordre et la tyrannie. »

Tous les pairs se levèrent, les cris d'enthousiasme se mêlèrent aux applaudissements.

Mais ce ne fut pas seulement un orateur, ce fut un homme : certes, il était bien, comme je l'ai dit, sincère et impétueux ; Messieurs, il fut avant tout courageux. Et je dis que c'est là surtout ce que nous devons admirer.

Ah ! laissez-moi vous dire sur ce point toute ma pensée ; vous entendrez parler autour de vous de décadence universelle, de corruption, de mépris de la vertu, d'oubli de la morale : on vous dira que nous avons perdu la vertu de nos pères ; on vous vantera beaucoup le passé, l'ancien temps, sa piété, sa docilité, sa douceur ; on vous répètera qu'il n'y a plus d'honnêteté, plus d'équité, plus de zèle, plus de foi.

Non, Messieurs, tout cela n'est pas vrai, il n'y a plus de courage, voilà tout. On ne sait plus résister, pas plus aux railleries qu'aux tentations ; les unes effrayent, les autres séduisent. On cache sa foi et sa vertu, ou on les sacrifie pour gagner la paix ou la fortune. Il n'y a plus de courage civil. Ah! pour recevoir une balle, pour affronter la mort, et mourir sur un champ de bataille, nous le pouvons encore, Dieu merci ! Mais résister aux déchaînements des factions, ou aux attraits du pouvoir, repousser les amertumes de la raillerie ou les douceurs de la fortune, combien il y a-t-il de Français qui le fassent? Messieurs, qu'on le sache bien, nous ne sommes pas plus mauvais qu'au XVIIIe siècle, et nous sommes meilleurs si l'on veut ; mais nous sommes lâches, oui, lâches. Oui, nous qui sommes si fiers de notre civilisation et de notre progrès, nous qui nous vantons si haut et nous croyons si grands, nous enfants du XIXe siècle, qui ne sommes pas loin de croire que nous avons inventé la justice et la liberté, nous, Français, qui par cent victoires avons fait voir notre drapeau à toutes les nations du monde, nous ne savons plus ce qu'est un vrai courage.

Eh bien ! voilà ce que montra toujours M. de Montalembert. Jamais rien, ni personne n'aurait empêché M. de Montalembert d'apporter à la tribune ses convictions, et d'y frapper indistinctement ceux que sa conscience réprouvait. Et je dis que c'est là un fait immense, immense au XIXᵉ siècle, et qui restera sa plus pure, sinon sa plus grande gloire.

Tel était M. de Montalembert au jour où il entra dans la vie publique, et où sous les auspices de M. de Lamennais, alors le plus vénéré et le plus renommé des maîtres, il s'engagea au service de l'Église et de la liberté : nous allons voir maintenant comment ces principes restèrent immuables chez lui, bien que l'emportement de la pensée et l'entraînement de la parole l'aient exposé à soutenir quelquefois des opinions qui semblent contradictoires, et comment il trouva dans le fond de son caractère l'unité qui a parfois manqué à son langage et à ses écrits.

Quand on est modéré, Messieurs, quand on a des opinions sages et prudentes, l'on se trouve avoir tour à tour affaire aux exaltés des partis extrêmes : l'on a à combattre tour à tour et les absolutistes et les démagogues ; et quand on joint à ces opinions stables et fixes de modération et de justice l'intempérance du langage et l'emportement de pensée l'on en vient parfois à se jeter dans l'un de ses excès pour combattre l'autre. C'est ce qui arriva à M. de Montalembert, en sorte qu'il parut parfois démocrate quand il combattait les absolutistes, et absolutiste lui-même quand il combattait les démagogues. Et d'ailleurs, Messieurs, ne veut-on pas reconnaître cette unité intime dans la modération de ses idées, ne veut-on prendre que ses actes et que ses paroles, eh bien ! oui, M. de Montalembert s'est contredit, souvent contredit : mais ses contradictions font sa gloire. Est-il glorieux, oui ou non, de se contredire quand le seul fruit qu'on en puisse retirer, ce sont des outrages ou des menaces? est-il glorieux, oui ou non, de se contredire quand la vérité a parlé et que la seule conscience décide? quand chaque changement paraît un progrès, chaque contradiction un pas en avant vers la justice et la liberté?

C'était au lendemain d'une révolution, tout était bouleversé ; on craignait pour le trône, pour la liberté, pour l'ordre social; l'ombre de 93 s'agitait : la discorde et la haine étaient partout; mais si la société était ébranlée, divisée, déchirée par les factions, les défenseurs de l'Eglise étaient unis, unis certes, dans les éternelles doctrines de la foi, mais malheureusement aussi unis dans la défiance de la révolution, de la société moderne et de ses idées; unis dans la défense des institutions surannées. Eh bien ! cette société, au nom de cette liberté que l'Église paraissait méconnaître, au nom de ces institutions tombées qu'elle préconisait encore, l'accablait d'injures, d'outrages et de railleries journalières. On l'accusait, cette Église de progrès, d'entraver l'esprit humain, de bâillonner l'intelligence, de chérir l'ignorance suppôt de la superstition ! On l'accusait, cette Église de paix, de pousser les hommes à la guerre, de demander la tête de ceux qui la reniaient! On parlait d'Inquisition, de bûchers, de supplices, que sais-je encore? on l'accusait enfin de vouloir dominer la France, de vouloir empiéter par le spirituel sur le temporel, de poursuivre toujours et partout l'empire de ce monde et de l'autre : voilà ce dont on l'accusait, elle, l'Église catholique ! On oubliait donc, Messieurs, que c'est elle qui a tiré l'Europe et le monde de la barbarie où il allait s'ensevelir, que c'est elle qui a sauvé les lettres ; sauvé tout ce qui sert à nous instruire et à nous développer l'esprit ! On oubliait donc que c'est elle qui avait institué dans ces temps d'atroces violences et de meurtres perpétuels cette trêve de Dieu et ces asiles sacrés ouverts, au crime quelquefois, mais à l'innocence aussi et à la justice persécutées. On oubliait donc que c'est elle qui avait la première proclamé la séparation du spirituel et du temporel; qui avait invoqué contre la tyrannie des rois et des empereurs cette grande maxime : « Rends à César ce qui est à César, et à Dieu ce qui est à Dieu. » Non, craindre l'autocratie romaine, c'était craindre un vain fantôme, l'Église ne pouvait s'emparer de la France et y dominer par la force, elle ne le pouvait pas et elle ne le voulait pas.... Je me trompe, Messieurs, c'est M. de Montalembert qui l'a dit, il est une suprématie que l'Église veut et voudra toujours : c'est l'empiétement de la vertu sur le vice : elle combattra partout le désordre, l'orgueil, la misère, le désespoir, elle les poursuivra à outrance et sans relâche; elle s'imposera par l'humilité, par la chasteté, par la douceur et par la charité; et, si c'est ainsi qu'on l'entend, elle règnera sur le monde !

Répétons, Messieurs, pour répondre à ces viles calomnies, ces paroles mêmes jetées en défi par l'illustre orateur aux sceptiques et aux railleurs :

« La vieille Église catholique, la vieille barque de saint Pierre battue de tant d'orages est toute prête à naviguer sur la mer agitée et inconnue de la liberté moderne ; elle y bravera la tempête, comme elle l'a fait au sein des monarchies absolues, et plus anciennement au sein de l'Europe féodale. Elle sait bien qu'elle porte dans son sein le seul contrepoids légitime et positif de tous les périls de la liberté, et l'on verra ainsi que grâce à son immuable autorité, à l'immortalité de ses promesses, elle peut seule survivre à toutes les crises, s'adapter à tous les régimes et s'imposer à tous les siècles. »

Mais il fallait quelqu'un pour le dire à la France, à la société, pour le dire à l'Église elle-même : il fallait quelqu'un qui voulût s'appeler à la fois catholique et libéral et qui sût, au milieu de l'isolement, supporter sans faiblesse la défiance des uns et les injures des autres. Il fallait quelqu'un qui jetât l'Église, **peut-être malgré ses représentants et ses** défenseurs, dans des voies nouvelles qu'elle devait suivre pendant dix-huit ans au moins.

C'est ce que fit M. de Montalembert. Il accepta le rôle et s'y dévoua : sans compter pour rien les obstacles, il ne sembla même pas entendre les railleries dont l'accablait la presse : il commença la lutte. Vous savez quel fut son premier maître et quel fut son premier ami : Lamennais dont l'actif génie le fascinait, Lacordaire dont la douceur et la bonté le subjuguaient. Vous savez leur amitié, comment ces trois hommes si différents entre eux, Lamennais sombre et impérieux, Lacordaire si calme, si expansif, Montalembert si généreux et si fougueux, comment ils se lièrent pour le triomphe d'une même cause. Ils fondèrent l'*Avenir*. Tous trois aimaient la liberté, mais ils la voulaient au nom et au profit de l'Église : Catholiques, disait un prêtre inconnu la veille, l'abbé Lacordaire :

« Catholiques, laissons à ceux qui n'ont foi qu'aux princes de la terre les espérances de la servitude, laissons-les dire que tout est perdu si la liberté s'établit, et s'enfoncer dans des conséquences lamentables où ils n'auraient plus qu'à choisir entre la destruction de l'ordre et de la raison.... ne nous troublons pas de si peu, et, notre crucifix sur la poitrine, prions et combattons : les jours ne tuent pas les siècles, la liberté ne tue pas Dieu. »

Et quelques semaines avant, parlant d'un sous-préfet qui avait forcé un prêtre de bénir un homme mort en maudissant Dieu, il s'écriait aussi : « Un simple sous-préfet, un salarié amovible a envoyé dans la maison de Dieu un cadavre : il a fait cela devant la loi qui déclare que les cultes sont libres : il l'a fait devant la moitié des Français, lui, ce sous-préfet ! vous l'eussiez fait pâlir si, prenant votre Dieu déshonoré, vous l'eussiez porté dans quelque pauvre hutte, jurant de ne pas l'exposer une seconde fois aux insultes des temples de l'État. »

Ce n'était pas assez de parler, ils agirent : la liberté se prend et ne se donne pas, s'écrièrent-ils, et le 7 mai 1831, ils ouvrirent à Paris une école libre qu'ils avaient annoncée eux-mêmes et fait annoncer partout : on les arrêta, mais la mort du père de M. de Montalembert leur donna la Cour des pairs pour tribunal : ils se défendirent eux-mêmes. Peut-être avez-vous lu leurs discours, ils émurent et étonnèrent ; tant de génereuses passions, un si noble et si saint enthousiasme, tant d'éloquence et tant d'ardeur touchèrent leurs juges ; et pour avoir violé ouvertement une loi établie, pour l'avoir, à la face de tous les Français, transgressée et bafouée, ils eurent 100 francs d'amende. Ainsi finit l'année 1831.

« Pour savoir ce qu'il éclata alors d'enthousiasme pur et désintéressé dans les presbytères et dans certains groupes de francs et nobles jeunes gens, il faut avoir vécu dans ce temps, lu dans leurs yeux, écouté leurs confidences, pressé leurs mains gémissantes.... Quelle vie dans les âmes! quelle ardeur dans les intelligences! quel culte désintéressé de son drapeau et de sa cause ! »

Mais avec l'année finit l'*Avenir* : ce n'était pas devant les attaques de la démocratie parisienne qu'il succombait, mais bien au contraire devant la méfiance du clergé et des fidèles : c'était parce qu'il s'inspirait des doctrines philosophiques de Lamennais, c'était parce qu'il disait ouvertement au clergé pauvre de sacrifier à la liberté naissante son unique ressource, son budget ; ce fut enfin, et surtout avouons-le, parce que seul en France il était ultramontain. Alors ils entreprirent leur funeste voyage à Rome. C'était une grande faute. Prétendre forcer Rome à s'expliquer était pour le moins bien étrange; mais ne pas reconnaître de quel prix était le silence du Saint-Siége, combien c'était pour le Saint Père une preuve de bienveillance, d'encouragement même, que de résister ainsi aux clameurs de tout le clergé ; c'était ignorer à la fois et les embarras des autres et ses propres avantages. A Rome, même silence et même bienveillance. Alors Lacordaire comprit tout : le jeune homme vit ce que ne put voir le prêtre chargé d'expérience et de gloire : il ne fallait pas venir, ou il faut nous soumettre, s'écria-t-il, rentrant en France en vaincu victorieux de lui-même. Montalembert ne le suivit pas. Le maître et le disciple attendirent ; ce fut en vain : alors Lamennais partit aussi, mais en jetant le défi à la cour de Rome. Une encyclique lui répondit : sans condamner encore elle désignait, pour les blâmer, toutes ses doctrines ; sa soumission fut immédiate, et les trois amis se retrouvèrent réunis pour la dernière fois.

Vous savez ce qui suivit, avec quel éclat Lacordaire se sépara de son maître, et comment celui-ci, déjà mortellement blessé, se laissa aller aux folies de son orgueil. Du fond de l'Allemagne, M. de Montalembert, toujours attaché à son maître, allait le suivre dans cette funeste voie quand l'amour d'un ami le sauva. Écoutez-le :

« Parmi les âmes sincèrement trompées et profondément troublées par l'empire de ce fatal génie il y en avait une que Lacordaire aimait par-dessus toutes, et qui s'obstinait après toutes les autres dans une fidélité désintéressée. Sacrifié, méconnu, repoussé, il n'en prodiguait pas moins des avertissements toujours infructueux et des prédictions toujours vérifiées..... entremêlant à des arguments sans réplique le cri d'un cœur sans pareil, dans son fraternel et infatigable dévouement. Cette lutte avait trop duré ; j'en parle avec confusion, avec remords, car je ne lui rendis pas alors toute la justice qu'il méritait ; j'expie cette faute en l'avouant, et je fais de cet aveu un hommage à la grande âme qui a maintenant trouvé le juge qu'elle invoquait avec une si légitime confiance. »

Pardonnez-moi, Messieurs, si j'ai insisté sur ces premiers instants ; c'est que M. de Montalembert s'y montre tout entier et tel qu'il devait rester toujours. Entraîné par l'impétuosité de ses sentiments, trop passionné pour les modérer ou trop pénétrant pour n'en pas voir toutes les extrêmes conséquences, trop hardi pour se les cacher à lui-même, trop courageux enfin pour en refuser la responsabilité et ne s'en point faire comme une gloire.

L'*Avenir* était tombé parce qu'il était ultramontain ; et quelques mois après, M. de Montalembert était presque entraîné hors de l'Église : ah! ce n'est pas qu'il les aimât moins, cette Église et cette liberté qu'il devait si longtemps défendre, mais c'est qu'il avait cru d'abord trouver à Rome ce qu'il ne trouvait pas en France : il fut trompé. Sauvé par Lacordaire, il reprit sa première voie et ne se préserva pas du retour des mêmes exagérations.

Mais je ne m'arrêterai pas sur cette partie de la vie de M. de Montalembert : oui, ses ennemis en ont trop abusé, lui-même a trop pleuré, Messieurs, pour que nous, ses amis et ses admirateurs, nous venions encore rappeler ces erreurs et nous en irriter : nous lui devons trop, Messieurs, aujourd'hui surtout, nous catholiques et nous libéraux, pour ne pas tout pardonner à celui qui a été le plus grand et le plus courageux d'entre nous. Je sais bien qu'il a défendu les Jésuites, les faux comme les vrais, je veux dire les bons comme les mauvais ; que, sans se contenter de défendre leur religion et leur morale, il a voulu excuser ou justifier toutes leurs paroles et tous leurs actes ; je sais bien qu'il a prononcé, du haut de la tribune, l'arrêt de proscription et de mort de toute sorte de gallicanisme, et qu'il n'a pas épargné les sanglantes railleries à ce qu'il appelait la momie. Qu'importe après tout, Messieurs ? ces paroles, il les a effacées lui-même, vous le savez assez. Et je ne les rappelle ici que pour être juste, et vous demander si j'avais tort de dire que l'emportement a étouffé parfois chez lui la justice.

Quand M. de Montalembert entra dans la vie publique, un gouvernement nouveau, sorti de l'insurrection populaire, s'élevait et s'établissait à grand'peine. Gouvernement libéral et honnête, sincèrement épris de la liberté et résolu à ne la pas sacrifier au maintien exclusif de l'ordre, gouvernement juste, impartial et modéré, fait pour donner à la France, dont il se croyait aimé, cette liberté qu'il chérissait lui-même ; gouvernement éclairé qui voyait à sa tête tour à tour tout ce que la France comptait de plus distingué et de plus grand ; gouvernement où tous les pouvoirs se balançaient avec égalité, où toutes les influences légitimes pouvaient s'exercer librement, où toutes les voix, quelle que fût leur ardeur, pouvaient retentir à leur aise. Non que je prétende faire de ce gouvernement l'idéal des gouvernements, non que je croie que la constitution qu'il donnait à la France fut la seule bonne et la seule digne d'être imitée, mais je suis convaincu qu'il donnait à la France, pour le présent, la plus grande liberté dont la France ait encore joui, et pour l'avenir les plus solides garanties de progrès et de prospérité, de marche régulière et sûre dans la voie libérale où il s'engageait. Je crois qu'avec un peu de patience, avec un peu de temps, on pouvait l'amener à développer de lui-même ces libertés dont il reconnaissait le principe, et dont il retardait seulement l'application : mais il ne fallait pas, pour cela, l'attaquer à outrance, sans lui tenir compte de ses généreux efforts et sans considérer les obstacles qui l'arrêtaient. Ne croyez pas non plus, Messieurs, que je ne trouve rien à blâmer dans tous les actes d'un règne de dix-huit ans : la politique extérieure était trop timide, si vous le voulez, la politique intérieure trop étroite peut-être, les luttes parlementaires plus orageuses qu'utiles, plus brillantes que fécondes : c'est possible, mais qu'importe après tout? c'étaient là des maux passagers, et la liberté restait, s'établissait, se développait lentement, mais sûrement, graduellement, mais sans secousse et sans orage. Et toujours est-il vrai que ce seul gouvernement pouvait la donner à la France : que de l'attaquer et le vilipender comme on l'a fait, c'était folie ou présomption : qu'est-il arrivé, Messieurs ? ce pouvoir est tombé ; il est tombé à la surprise et au désespoir de ceux qui depuis dix-huit ans le menaient eux-mêmes à l'abîme. La Révolution s'est levée, et avec elle ce qu'il y avait de plus impur et de plus hideux : quelques républicains véritables, hommes sensés et honnêtes, que j'honore, voulurent parler : leurs voix généreuses furent étouffées dans les clameurs de ces hideux démagogues qui usurpaient le nom et le drapeau de la liberté pour le souiller et s'en sont servis pour faire triompher le crime. Savez-vous ce qui éteint la flamme rayonnante de la liberté ? ce n'est pas la main d'un tyran, ce sont eux, les démagogues et les anarchistes. C'est M. de Montalembert qui l'a dit (1). Ils ont détrôné quelques rois, c'est vrai, mais ils ont détrôné bien plus sûrement la liberté : les rois sont remontés sur leurs trônes, la liberté n'est pas remontée sur le sien. Oui, la belle, la sainte, la noble liberté qu'il avait tant aimée, tant chérie, tant servie, plus qu'eux, mieux qu'eux, avant eux, elle fut écrasée et étouffée. Oh ! je sais bien qu'on grava son nom partout, dans toutes les lois, sur tous les murs, sur toutes les corniches, mais dans les cœurs son nom s'effaça : Messieurs, il devait mettre vingt ans à y reparaître !

(1) Discours à la Législative.

Et dans cette chute, M. de Montalembert a eu une plus grande responsabilité qu'il ne croit : sa sincérité l'excuse. Vous savez quel fut le terrain de sa polémique : la liberté d'enseignement. La charte la promettait, mais les lois la restreignaient encore : l'Université restait debout : c'est à elle que M. de Montalembert s'attaqua. On se demandera sans doute s'il était bien prudent, quand des barricades avaient récemment ensanglanté Paris, quand l'état des esprits n'avait pas permis pendant longtemps à un prêtre ou à un religieux de se montrer publiquement, s'il était bien prudent de réclamer le droit de tout dire et tout enseigner tout haut. Et pouvait-on d'ailleurs reprocher bien durement à un gouvernement qui ne s'appuyait que sur les classes éclairées et moyennes de ne pas supprimer tout à coup sans ménagement le monopole que ces classes regardaient comme leur sauvegarde et la pépinière de leurs grands hommes? Mais ces considérations ont passé avec le temps et les circonstances qui les expliquaient, et ces pages d'énergique revendication de la plus précieuse liberté resteront en exemple à tous ceux qui auront des droits à revendiquer, des plaintes à exhaler. Il est une autre cause, une de ces causes qui séduisaient toujours ce cœur généreux, comme vous le disait si excellemment M. Cochin, parce qu'elles semblaient perdues, et à laquelle il s'est dévoué : c'est la Pologne.

Ah! je sais bien qu'ici encore vos froids raisonnements vont vouloir m'arrêter ; que vous allez me dire que c'était imprudent, cruel même de réveiller de tels souvenirs ; que puisqu'on ne pouvait, ni ne voulait soutenir les Polonais, envoyer des armées lutter contre la Prusse et l'Autriche, mieux valait se taire que de parler pour étaler au monde son impuissance et pousser ces malheureux à une révolte dont ne pouvait sortir pour eux que la mort ou une aggravation d'esclavage. Que me feront vos raisons ? Elles sont excellentes peut-être, je ne les juge pas ; je sais seulement que M. de Montalembert était trop impétueux pour s'arrêter à de telles combinaisons et bien trop généreux aussi pour croire qu'en défendant la justice et l'innocence, il pouvait demander des conseils à l'intérêt ou à la prudence. Il voyait une nation entière rayée d'un mot de la liste des nations, et condamnée à la mort civile et politique, il la voyait déchirée vivante, et distribuée par lambeaux sanglants à ses vainqueurs : et ce peuple qui devait perdre son nom, sa langue, sa religion, qu'était-ce? un ramassis de brigands? Non, c'était un grand peuple dont le courage avait fermé l'Europe aux Musulmans envahisseurs, c'étaient 20 millions d'habitants, dont la valeur et l'héroïsme égalaient la noblesse et la générosité et si bien fait pour garder la liberté et l'indépendance que, depuis qu'on les en a privés ils n'ont trouvé, chez les

Français que des égaux en courage et non des maîtres.

Sous le gouvernement de Juillet, M. de Montalembert avait presque toujours les yeux fixés sur la politique extérieure. Il blâma la marche du gouvernement, il fut sévère, très-sévère pour nous qui depuis avons vu la France humiliée et retombée au second rang, la Prusse devenue son égale, et qui avons vu au Mexique nos armées se retirer sur un signe des États-Unis, un empereur fusillé, une impératrice rendue folle : il nous est bien difficile alors de prendre intérêt à l'affaire Pritchard et de nous irriter beaucoup des chicanes et des tiraillements de l'alliance anglaise.

Ainsi M. de Montalembert, sans s'en douter, poussait à la révolution.

« Laissez-moi vous le dire, Monsieur, vous allez recommencer les fautes de la révolution, celles qui l'ont conduite à l'abîme, vous aliénez, vous contraignez à l'hostilité des hommes qui, sans être de la même origine que nous, ne demandaient pas mieux que de vous prêter ce concours de leur adhésion et de leur moralité politique. Les chefs du clergé, une foule de catholiques zélés et sincères sont à l'égard du gouvernement dans une situation analogue à celle qu'occupaient sous la Restauration les hommes éminents que je vois devant moi, M. le comte Molé, M. le duc de Broglie, M. Guizot lui-même. La Restauration les a repoussés : ils ne l'ont pas renversée ; mais qui pourrait dire à quel point le manque de leur concours a contribué à sa ruine ? »

Ne pouvons-nous pas lui appliquer ses propres paroles ? Qui pourrait dire, en effet, combien l'indifférence, le détachement des catholiques précipita la catastrophe et facilita la chute du gouvernement de Juillet ? Enfin il tomba : écoutez le résumé que M. de Montalembert fit lui-même à ses électeurs de sa vie politique.

« A l'extérieur, nul n'a plaidé avec plus d'énergie la cause de la Pologne ; l'amour de la liberté m'a tour à tour enflammé pour l'Irlande, la Belgique, les catholiques du Liban et la Suisse.....

« A l'intérieur, j'ai combattu les lois de septembre..... j'ai réclamé la liberté religieuse..... j'ai réclamé la liberté d'enseignement..... j'ai réclamé la liberté d'association..... j'ai été pendant toute ma vie dans l'opposition. Je n'ai jamais reçu ni sollicité de l'ancien gouvernement la moindre faveur..... Je voudrais la République libérale, modérée, tolérante, équitable.... Si elle garantit, comme aux États-Unis, à la religion, à la propriété et à la famille le bienfait suprême de la liberté, elle n'aura pas de partisan plus sincère, pas de fils plus dévoué que moi. »

C'était assez dire qu'il se ralliait franchement et que pour lui la République pouvait aisément remplacer la monarchie.

Mais le sentiment qui lui faisait dire : la démocratie est la seule force vitale de la politique moderne, ne règnera pas longtemps sur lui. Laissez venir les journées de Juin et celui qui s'est avancé plus loin que tous les amis vers la République se rejettera plus avant qu'eux dans la réaction. Rallié d'abord au gouvernement qui consacrait la liberté d'enseignement, il est vite détrompé ; l'ordre social est menacé, et avec lui la propriété, la religion, tout ce qu'il y a de nécessaire et de sacré dans une société, il ne voit plus que cela et se voue tout entier à leur défense ; il n'entend plus que les clameurs homicides des fils de 93 ; il ne voit plus que leurs passions subversives, et leurs actes oppressifs ; c'est contre eux qu'il élève la voix, contre eux que chaque coup est porté, que chaque trait est lancé ; eux seuls sont les ennemis publics, eux seuls sont ceux qu'il faut attaquer, poursuivre et détruire, eux seuls aussi ceux qui menacent la France de la honte et du despotisme. Ce qu'il croyait défendre, c'était la liberté ; ce qu'il défendait, en réalité, c'était le pouvoir. Il combat cette liberté de la presse dont il avait lui-même proclamé l'inviolabilité ; il soutient le président, que dis-je, il le justifie ; c'est au nom de la liberté qu'il flétrit et les tribuns de la place publique et les prudents de la chambre, c'est au nom de la liberté, qu'il bafoue et les barricades du peuple, et les obstacles légaux du Corps législatif.

Que dirais-je encore, Messieurs ? M. de Montalembert fut entraîné; il se laissa aller aux intempérances de son esprit; il ne croyait pas possible le retour d'une dictature et d'un empire; il voyait dans les démagogues et les anarchistes les meurtriers de la liberté. Nommé à son insu de la commission du 2 Décembre, il protesta, mais resta.

Alors il regarda autour de lui, il se vit seul, il vit ses amis rejetés loin de lui dans la servitude; il vit cette France qu'il avait tant aimée aux bras d'un oppresseur, cette liberté qu'il avait tant servie, foulée aux pieds par ceux-là même qui l'avaient le plus adulée. Alors il se retourna vers l'Église; mais il vit ceux qui croyaient parler en son nom préconisant la servitude parce qu'ils croyaient y trouver ce que la liberté lui avait promis; il les vit reniant, insultant, cette liberté pour tous, que pendant vingt ans ils avaient si bruyamment, disons-le, si témérairement réclamée; il les vit « faisant de la raison une « ennemie, de l'éloquence un péril public, de la li- « berté une chimère anti-chrétienne et du goût de « l'esclavage une sorte d'ingrédient de la vertu. »

Alors une immense douleur traversa son cœur, il avait donc été dupe! Ses croyances les plus intimes n'étaient donc que des rêves, ses plus chères convictions, que de vaines illusions! Il avait lutté toute sa vie, usé ses forces, depensé des trésors d'éloquence et pourquoi? Pour cette liberté qu'il voyait trahie par ceux qui s'appelaient ses partisans et ses amis!

Ah! son âme se redressa tout entière. La France s'abandonnait à un maître. Eh bien! il restait des forces et il restait de l'éloquence ; on pouvait ranimer son amour de la justice et de la liberté. L'Église semblait trahir ses propres paroles. Eh bien ! on pouvait y créer ce qui n'existait pas, et faire cet esprit libéral qui avait paru présider quelque temps à ses actes et à ses paroles.

M. de Montalembert se mit à l'œuvre ; sa voix étouffée dans l'État retentit dans l'Église ; là, unie à celle d'un courageux évêque elle forma un petit et bien faible parti libéral, mais, Dieu, Messieurs, n'en doutons pas, protégera ses entreprises.

Je ne vous cite pas, Messieurs, parce qu'elle est gravée dans vos cœurs, cette dernière lettre que M. de Montalembert écrivait sur son lit de mort. Quelques-uns s'en sont étonnés ; ils ne pouvaient ou plutôt ne voulaient pas croire encore à tant d'indépendance et de liberté d'esprit de celui qui avait combattu la République jusqu'à créer l'empire ; ils ne voulaient pas croire à tant d'amour sincère de la liberté chez celui qui s'était vanté d'être le plus outré des ultramontains. Mais ceux, Messieurs, qui ont pénétré cette grande âme, qui l'ont étudiée et qui l'ont comprise, ceux qui, comme nous, ont cherché l'homme et ses principes sous ses actes et ses paroles, ceux-là n'attendaient pas moins de celui que la mort étreignait déjà ; ils savaient bien que jamais vie qui semble plus contradictoire, n'a eu au fond plus d'unité, que jamais paroles plus contraires n'ont été inspirées par des convictions plus fixes et plus stables : la religion, vous le savez assez, et la liberté. Il attaquait la monarchie, et que lui demandait-il ? la liberté ; il acceptait la république, et que lui promettait-elle ? la liberté ; il l'abandonnait ensuite pour soutenir l'empire, qu'il attaquait aussi bientôt ; et que lui refusait-on ? la liberté ; oui, cette liberté, elle a été l'idole de son âme.

Il y a eu des vies plus illustres, il n'y en a pas eu de plus belles ; il y a des gloires plus éclatantes et des triomphes plus retentissants, il n'y en a pas eu de plus purs. D'autres ont pu s'inspirer mieux de leur raison, d'autres ont pu discerner mieux la vérité et y mieux conformer leurs paroles et leurs actes, mais jamais personne ne s'est laissé si entièrement conduire par l'honneur et la conscience ; jamais l'ambition ni l'orgueil n'ont eu moins de prise sur un homme. Quarante ans passés face à face avec la justice et la vertu, au milieu des circonstances les plus difficiles et des situations les plus périlleuses, quelle vie, Messieurs ! Oui, quand après une vie si longue et si agitée, on peut, au bord de la tombe, sans fermer les yeux, jeter un regard en arrière, comme on doit prévoir l'avenir d'après le passé et voir avec calme venir l'heure du repos et de la récompense !

Je m'arrête, Messieurs, ma tâche est finie, la vôtre commence; j'ai cherché à vous dire ce que j'avais trouvé de plus grand, de plus noble, de plus sublime en cette vie : à vous, à nous d'en profiter pour la nôtre. Approprions-nous, je ne dis pas son talent, mais ses vertus, et nous aurons non pas la même gloire, mais la même estime. Soyons convaincus comme lui, sincères comme lui, courageux comme lui. Ne croyons pas que ce soit chose si futile que d'être convaincu dans ce temps de scepticisme universel et de railleries perpétuelles, ne croyons pas que ce soit chose si aisée que d'être sincère quand la sincérité ne sert qu'à nous attirer des injures et des calomnies; ne croyons pas, enfin, que la moins grande et la moins utile des leçons qu'il nous donne soit cet indomptable courage qui lui faisait toujours préférer les périls de la lutte à la honte de l'inaction; mais apprenons aussi à nous maîtriser nous-mêmes, à modérer nos passions, à ne nous point laisser jeter par elles dans des extrêmes dont il faut tôt ou tard revenir. Songeons que le moment est proche où la lutte va se renouveler, et que dans ce moment tous ceux qui pouvaient nous conduire s'éteignent à nos côtés.

Oui, aujourd'hui que la liberté renaît, qu'un âge nouveau commence pour nous si jeunes et si inexpérimentés, tous ces grands hommes qui ont connu, goûté, servi et guidé la liberté quittent ce monde sans avoir vu que de loin, comme Moïse, la terre promise. Ils tombent chargés d'années et de gloire, comme ces grands arbres d'une haute futaie, usés par le temps et par l'âge, s'affaissent aux premiers souffles de l'orage; ils tombent, et, dans leur chute, nous laissent exposés aux rafales du vent et aux bourrasques de la tempête; unissons-nous pour lui résister en les imitant et continuer dignement, dans les générations nouvelles, l'œuvre inachevée qu'ils nous laissent du triomphe de la liberté et de l'Église!

F. DE BROGLIE.

www.ingramcontent.com/pod-product-compliance
Lightning Source LLC
Chambersburg PA
CBHW061008050426
42453CB00009B/1327